影响孩子一生的人格阅读

——公共道德篇——

主　编：钱爱芙　朱燕芬

江蘇鳳凰教育出版社
Phoenix Education Publishing, Ltd

图书在版编目（CIP）数据

影响孩子一生的人格阅读：公共道德篇／钱爱芙，朱燕芬主编．—南京：江苏凤凰教育出版社，2014.11
ISBN 978-7-5499-4449-1

Ⅰ．①影…　Ⅱ．①钱…　②朱…　Ⅲ．①社会公德教育－小学－课外读物　Ⅳ．①G621

中国版本图书馆CIP数据核字(2014)第223771号

书　　名	影响孩子一生的人格阅读：公共道德篇
主　　编	钱爱芙　朱燕芬
责任编辑	午新生　雷利军　万晓文
出版发行	凤凰出版传媒股份有限公司 江苏凤凰教育出版社（南京市湖南路1号A楼　邮编210009）
苏教网址	http://www.1088.com.cn
照　　排	阿芙拉童书
插画绘制	阿芙拉童书
印　　刷	三河市九洲财鑫印刷有限公司
厂　　址	河北省三河市灵山大口
开　　本	787毫米×1092毫米　1/16
印　　张	5
字　　数	54千字
版　　次	2014年11月第1版　2014年11月第1次印刷
书　　号	ISBN 978-7-5499-4449-1
定　　价	19.80元
网店地址	http://jsfhjycbs.tmall.com
邮购电话	025-85406265,85400774　短信 02585420909
E－mall	jsep@vip.163.com
盗版举报	025-83658579

序言

这两本书是常州市武进区湖塘桥中心小学所研发的校本课程，编得很好。我从头到尾看了，好像又回到了童年时代，重温我的童年生活。可那时，我们并没有受到这么具体、生动的教育。无论是个人修养的教育，还是社会公德的教育，对于孩子和大人都十分必要。

我一向认为：孩子读什么书，就会成为什么样的人。湖塘桥中心小学编的这两本书，就是给我们补上的人生之课、公民必修课、人格修养课。总之，是关于如何做人的课。所以，对这两本书的阅读，不妨称之为“影响孩子一生的人格阅读”。

前段时间，我读了一篇文章——《从卧室里走出来的个人主义》，题目挺有意思，内容相当深刻，书中对个人主义的起源问题进行了讨论，提供了另一条思路，更多地深入“私领域”，尤其是深入“情感的变化”，进而追溯现代“情感个人主义”。湖塘桥中心小学的这两本书，也是从“私领域”到“公领域”探讨学生的人格养成，从情感的角度激发学生在具体的行为习惯方面改变自己，培育美好情感，逐步建构起“情感文明”。若能如此，那么，我们完全可以说，从湖塘桥中心小学走出来的学生一定是文明的现代人、文明的中国人，他们将会从现代走向未来，从中国走向世界。

这门校本课程的开发，这两本书稿的编写，又是基于学校一项课题的研究——“当代小学生平民人格教育的研究与实践”。他们对“平民”的界定是：平善之人，平常之人。教育，当然也包括培养精英人才，培养领袖。但是，教育更多的是面向广大普通老百姓，培养数以万计的普通劳动者，应当进行平民教育。不过，平民，绝不是平庸之人，而是有优良品德的人，是真正的人。这样的人也应当有良好的人格基因。基于这样的思路，他们在进行课题研究的时候，找到了具体的内容和途径，即学生的文明礼仪教育，并由此切入，来推动学生的人格修养和社会公德的培养。这样的研究，用现在流行的话来说是“落地”的，是切合小学生生活实际和发展需求的，因而是有效的。这不是人格教育的窄化，而是人格教育的具体化，是人格教育的深化。

这两本书很有特点：一是从具体的生活情境出发，基于儿童的生活经验，注重儿童生活中的体验和探究。学生读这样的书，好像是在自己的生活中，亲切，熟悉，能理解，会接受，愿意去践行。二是用各种方式引导学生进行讨论。其中，有讲故事的方式，有童话想象的方式，有比赛的方式，还有辨别的方式，方式多样，生动活泼，既使学生乐于阅读和学习，又能够引导儿童进行价值澄清，辨别好坏，进行判断和选择。三是选择的内容不是碎片，而是有一定的结构，覆盖面比较广，尤其是公共道德篇。这样的布局有利于学生在生活中的各个方面都能受到关注、影响，进而促进学生整体素养得到全面关注和提升。

最近，教育部正在研究学生发展的核心素养。我认为，个人修养、社会参与正是学生发展的核心素养的应有之义。希望湖塘桥中心小学深入研究，进一步提升学生的文明礼仪水平、情感文明水平，以至提升学生发展的核心素养。

最后，想对小朋友们说：小朋友，好好读这本书，让自己天天进步起来，做一个文明的小学生。也想对湖塘桥中心小学说几句：深入研究和思考，用文化把学校推上发展的制高点，我相信湖塘桥中心小学的未来更加美好。

国家督学

2014 年 6 月

目 录

第一课 邻里之间要友好

在生活中，我们要经常与人打交道，尤其和左邻右舍的接触会很多。俗话说：“远亲不如近邻。”因此，邻居之间的和睦相处是非常重要的。

邻里交往歌

邻里间，常见面；互尊重，心相连。
敬老人，如家亲；爱幼小，如自身。
乐交往，情趣融；虽近邻，胜远亲。

学有规范

串门闲谈要选择时间。不应该在邻居休息的时间或吃饭的时候去串门。当邻居准备休息时，要及时离开。

早出晚归要保持安静。由于各家各户的作息时间并不一致，所以出出进进时，务必注意不要大声喧哗和说笑，以免影响他人休息。

使用音响要音量适宜。特别是那些心脏不太好的老年人，他们最怕强烈的声音刺激。所以，在使用音响设备时，我们一定要想到是否会影响邻舍。

为花草浇水时要谨慎小心。不要浇得过多，以避免将水滴到楼下，滴到别人晾晒的衣物上。

要防止东西掉到楼下。晾晒的衣物、竹竿、衣架、花盆等都应固定放牢，以免被风刮落或不慎碰落，造成对低层用户以及行人的伤害。

善待年幼者。邻居家中可能有你的同学，也可能有比你年龄小的小朋友，当他们同你探讨问题或者向你求教时，你应该热情、耐心地给以帮助。如果邻居家的大人有急事临时外出，应主动地帮助看护小弟弟和小妹妹。

尊敬年长者。与年长者相遇时，应亲切地打招呼，为年长者让路，让年长者先行。见年长者在外边乘凉、聊天，应主动送上一把蒲扇或一个小凳。

紧急时刻莫袖手旁观。如邻居遇有灾患，应果断打报警电话。遇到邻居搬运大件家具，即使是帮忙挪动一下挡路的物品、开一下电梯门等举手之劳，也是一种友好的表示。

演练场

在楼道里碰见了张爷爷，你应说：

在回家的路上遇到了刘奶奶，你应说：

王阿姨家的小林向你请教一道数学题，你应说：

李奶奶家来亲戚了，可李奶奶有事出去了，你应说：

邻里好，胜金宝。

千金买邻，八百置舍。

行要好伴，住要好邻。

有缘成邻居，附近伴如亲。

邻睦风亦暖，家和人自康。

第二课　远亲不如近邻

“室内现代化，室外脏乱差；与己无关事，红灯高高挂；楼上挨楼下，不知谁姓啥；手机不离手，见面不说话。”这已经成了现在很多邻里关系的写照。但是，我们有句俗话“远亲不如近邻”，家庭间的各种交往中，交往最频繁的就是邻里了。那么如何与邻居交往呢？让我们一起学一学。

学有规范

一、关于自己的习惯

自觉爱护公共卫生，自觉参与社区公共活动，为维护一个好的生活环境尽一份力。

要考虑自己的兴趣爱好和生活习惯会不会给别人带来打扰。比如，是否喜欢晚上在家里唱歌，而且一唱就超过晚上12点；是否总是把污水泼在邻里共用的路面上；是否在半夜才回家时，走路和说话的声音很大。这些看起来并不起眼的小事是最容易伤了邻居之间的和气的。

对邻居要以礼相待，平易近人，不要视若路人，见面后要主动和别人打招呼。对于邻居不合理的要求和做法，应采取“有理、有节”的态度，合理地、妥善地解决处理。

二、关于占用楼道等公共场所

绝对不要长时间占用楼道公共空间，这既不符合邻里礼仪规范，也不利于防火防盗。如果遇到特殊情况需要占用楼道空间临时放些物品，必须先和相关楼层的邻居做好沟通，要说清原因以及占用的时间，争取得到他们的体谅，也可以在物品旁贴一张“安民告示”以说明情况。当然，要注意什么能放什么不能放，比如不要放易碎、易燃、易腐蚀、易腐烂和气味难闻的物品，体积太大影响邻居上下楼的物品也不要放。

三、关于养宠物

养宠物的时候，要注意两个细节问题：一是要注意卫生。一些宠物特别是猫、狗等，时常随地大小便，主人应带上塑料袋或者旧报纸等，将宠物的排泄物包好后扔到垃圾箱，保持公共场所的卫生和美观。二是要注意安全。出门遛狗，要给狗拴上绳索，不要任它狂吠乱叫、追逐扑咬，尤其是要注意不要惊吓到老人和小孩。

四、关于我们小孩

小孩活泼好动，可能喜欢又蹦又跳，没有意识到激情“表演”的声响会给邻居造成多大的影响。对此，我们应选择轻便软底的室内拖鞋；在地上铺上泡沫或者毛巾毯，避免蹦跳或者玩玩具时弄出太大的声响；如果想拍皮球、玩乒乓球，则应该到室外去玩；平时应养成在家中轻放东西、轻声走路的好习惯。

五、关于邻里串门

如果应邀去串门，那么可要选择好适当的时间。如果事先约好具体时间，那是最好的。如果没有约定好，就要避开人家的吃饭时间和休息时间。如果是周六、周日的话，上午10点之前是不宜打扰的。

进门前，有门铃的要按门铃，没门铃的要轻轻叩门，即使门是打开的，也千万不要冒冒失失闯进去。

我们不能在人家家里调皮，乱动别人东西。如果对方是长辈或是第一次进人家做客的话，主人没坐，你就不能先坐。如果家里有长辈，要主动和长辈打招呼。主人端茶、拿糖果招待我们的时候，一定要表示感谢。

故事屋

乐呵呵地捉回了一只绿色的蝈蝈，
喜滋滋地送给了邻居家的盲婆婆。
婆婆，婆婆，
这是一只会唱歌的蝈蝈。
在我上学的时候，
就让它替我给您唱歌。
歌声会领您走进田野，
看到小溪流淌的清波。
歌声会把您带回童年，
想起往日难忘的欢乐。
婆婆，婆婆，
这是一只会唱歌的蝈蝈。
您听，它唱得多好，
咯咯，咯咯，咯咯……

——《送给盲婆婆的蝈蝈》 滕毓旭

仿照上面的儿歌，写一写你和邻居间的故事。

第三课 社区礼仪共遵守

锣鼓敲，放鞭炮，人人乐小区真热闹，小区最佳礼仪员选拔大赛开始啦！小佳佳，最听话，见了邻居就问好，甜甜笑脸像蜜桃；环境卫生最重要，小佳佳常常带领小朋友，一起把垃圾来打扫……小佳佳，真正好，乐于助人懂礼貌，最佳礼仪员就是她，奖励一朵大红花。

小朋友，你也想要一朵大红花吗？那就快快行动起来吧，争做一个社区最佳礼仪员。当然，还有社区小楼门长、文明小宣传员、文明小引导员、环保小卫士、爱心小使者、家庭小孝星等一系列荣誉等着你去摘取呢！

小楼门长奖章

文明小宣传员奖章

文明小引导员奖章

学有规范

不能站在路中间与人交谈，妨碍他人行走。

上下楼梯靠右走，以免和人撞头。

要照看好自己的宠物，不能让它们四处乱跑。

不要在小区内骑车或踩滑板玩，以免撞倒他人。

演练场

他们的做法对吗？对的在圆圈里画上☺，错的画上☹。

第四课 集会时的我们

集会是学校中经常举行的活动，一般在操场或礼堂举行，由于参加者人数众多，又是正规场合，因此要格外注意集会中的礼仪。

集会歌

整齐排好队，集会进操场。
身穿新校服，排队快静齐。
步伐要有力，做到“三个一”。

学有规范

一、升国旗

国旗是神圣而庄严的，升国旗应该在一种严肃、庄重的气氛和场合中进行。在升国旗的仪式中，同学们要按照一定的礼仪进行。

在升国旗仪式之前，要自觉、快速地列队站好，检查服装是否整齐，并且保持安静。然后，面向国旗，立正站立，行注目礼，少先队员敬队礼。唱国歌时要严肃，声音要洪亮。

在整个升旗仪式中，都要保持安静，切忌喧哗、走动、打闹、东张西望、心不在焉。

二、室内集会

参加集会要守时，根据学校要求或集会内容，穿着大方得体。

来宾到会时，要鼓掌欢迎。来宾讲话结束后，要热情鼓掌表示感谢。

上台领受物品或奖品时要面带微笑，向颁奖人敬礼或鞠躬，双手接过物品。

在开会过程中，不要在座位间随意穿行走动，嬉戏打闹，更不要交头接耳。

会议结束后，按顺序退场，不拥挤，不抢路。

趣味小知识

现如今，我们在生活中会看到各种各样的国旗，这些国旗上有着不同的颜色、不同的图案。我们的五星红旗，旗面为红色，象征革命。左上方有五颗黄色五角星：一颗较大，居左；四颗较小，环拱于大星之右，并各有一个尖角正对大星的中心点。整个图案庄重而显华丽，简洁而不单调。

美国国旗上有 50 颗小星星，代表了美国的 50 个州，13 条宽带则象征着美国最早建国时的 13 个州。从颜色上，红色象征勇气，白色象征真理，蓝色则象征正义。

加拿大国旗的旗面从左至右由红白红色组成，两边的红竖长方形代表太平洋和大西洋，白色正方形象征加拿大的广阔国土。中央绘有一片 11 个角的红色枫树叶，因为加拿大素有“枫树之邦”之称，枫树是加拿大的国树，枫叶是加拿大民族的象征。

俄罗斯国旗从上到下由白蓝红三色组成，其中，白色代表寒带一年四季的白雪茫茫；蓝色代表亚寒带，又象征俄罗斯丰富的地下矿藏和森林、水力等自然资源；红色是温带的标志，也象征俄罗斯历史的悠久和对人类文明的贡献。三色的排列显示了俄罗斯幅员的辽阔。在另一方面，白色又是真理的象征，蓝色代表了纯洁与忠诚，红色则是美好和勇敢的标志。

做一做

1. 尊敬国旗，行注目礼。
2. 你要怎样上台领奖呢？演示一下。

测一测

在集会中，你表现得怎么样呢？做得好的方面就画上★。

项目／评价	守时	台上表现	会场纪律
自评			
同学评			
教师评			

第五课 餐厅里的香味

餐厅是学校生活中重要的公共活动场所，我们应注意在餐厅时的礼仪。

用餐歌

用餐时，讲礼仪，排队走进餐厅里；
不抢先，不拥挤， 先把小手来洗洗；
碗碟轻拿放整齐，吃饭要等人到齐；
分菜公平讲卫生，细嚼慢咽不出声；
饭菜汤，要吃净，不挑食，不偏食；
餐后桌子擦干净，文明进餐人人夸。

瞧！小朋友们排着整齐的队伍进餐厅吃饭呢！

看看，小朋友们用餐多文明呀！

学有规范

1. 在老师的指导下有秩序地进入餐厅。

2. 站在指定的桌次上，站姿自然，背挺直。

3. 要安静、文明进餐。

4. 分菜要公平，碗碟轻拿轻放，摆放整齐。

5. 饭、菜、汤要吃干净，不能浪费粮食，不偏食、不挑食。

6. 用餐后要把碗碟收拾在一起，把桌子擦干净。

演练场

悯农

李绅［唐］

锄禾日当午，
汗滴禾下土。
谁知盘中餐，
粒粒皆辛苦。

对于这首诗，大家一定耳熟能详了，它告诉我们粮食的来之不易，告诉我们要节约粮食。农民伯伯一年到头在田里干活，流了许多汗水，才浇灌出我们生命所需的粮食。他们多么辛苦，我们怎么能不珍惜粮食呢？那么，我们在实际生活中应该怎样做呢？想一想，然后把自己的想法写下来。如果你觉得自己的建议很好，还可以交给老师，开展一次文明用餐主题活动。

倡议书

第六课 宿舍里的故事

小朋友，从你寄宿的那天起，你就又有了一个家，这就是宿舍，宿舍里的每一位成员都是你的家人。在这里，你将学会独立、学会关爱、学会合作、学会分享与分担！

这是五年级（5）班的宿舍。瞧！这些小舍员把自己的床整理得干净又美观，把自己的洗漱用品都排成了一条直线，还把自己的“家”打扮得美美的。他们多能干啊！

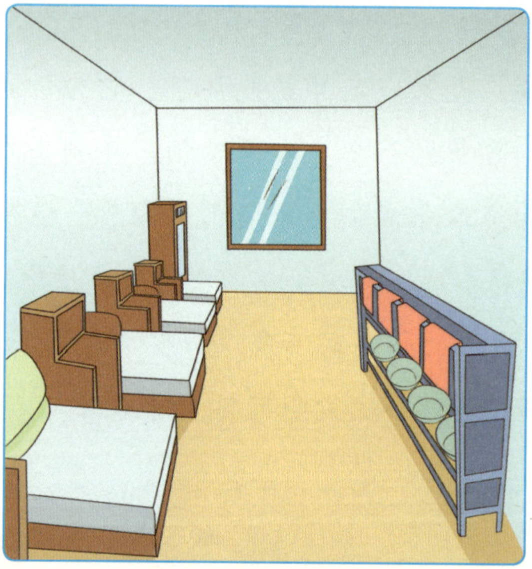

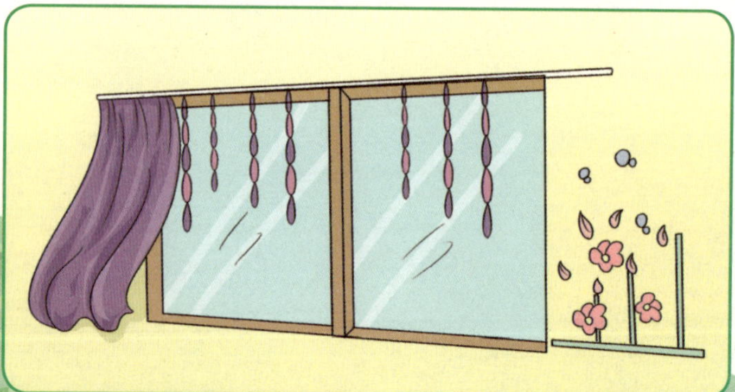

宿舍文明歌

起床铃响快起床，上铺下铺要谦让。
洗洗刷刷要迅速，注意安全别慌张。
梳洗过后叠被忙，整整齐齐好漂亮。
其他用具要摆齐，他人衣物不乱碰。
打扫卫生应干净，爱护公物记心上。
午睡过后时间急，被子仍要叠整齐。
凡有客人来访时，主动让座问声好。
同学之间如兄妹，和睦相处献爱心。
中午晚上铃声响，阳台千万不可上。
各自闭目悄无语，甜甜蜜蜜入梦里。
宿舍是个小家庭，我们一起搞好它。
班级是个大家庭，爱护一定靠大家。

宿舍是我们在学校的家，为了确保大家能有一个优美的学习环境和生活环境，我们必须制订一些文明公约。大家一起制订，一起遵守。

宿舍文明公约

1. 尊重生活教师，虚心接受生活教师的指导和管理。

2. 同学间团结友爱，互相关心，互相帮助，共同进步。

3. 爱护公共设施，节约水电，损坏公物自觉赔偿。

4. 遵守宿舍纪律，注意安全，不玩水，不玩火，不触摸电源；不在床上玩耍、打闹，不把玩具和刀具带入宿舍。

5. 按时午休、就寝和起床，铃响熄灯后不说话，不影响别人休息。

6. 认真整理内务，将物品摆放得整齐有序。

7. 上下楼梯轻声慢步，不追逐，不拉扯，注意安全。

8. 不在宿舍吃饭、吃零食，不把零食带进宿舍。

9. 不乱串宿舍，不乱翻弄别人的东西。

10. 严格自律，言行文明，共同努力，共同保持宿舍的安静、温馨，努力创设良好的生活环境和休息环境。

演练场

下面这些同学在宿舍里的行为文明吗？为什么？你能给他们哪些好的建议？

小朋友，你在宿舍里有过不文明的言行吗？学了这一课，你今后有哪些新的打算？用笔写下来吧！

我的打算

____

____

____

____

第七课 宴会场合礼仪多

同学们，在日常的生活中，我们经常会邀请朋友和同学等参加不同形式的宴会，或者自己也会被人邀请。在宴会上，怎样才能使自己的行为大方得体呢？让我们一起来了解宴会场合的礼仪吧！

学有规范

请客应该讲究规范，可以通过电话预约，也可以寄送邀请信或邀请卡，但一定要把请客的内容说清楚。

接受邀请的客人应提前准备好得体的服饰，并准时到达宴会地点。

礼物未必贵重，只要能表达心意即可。

宴会开始时，得到主人的招呼后方可入座。

吃自助餐时请排队，吃多少拿多少，可以多次去添加食物。

宴会结束时，需对主人表示感谢后再离开。除非有紧急的事情，一般不要提前离席。

演练场

参加宴会时，你有这些好习惯吗？能做到的画上☺，没做到的画上☹。

宴会开始前，轻轻撕开纸巾袋，取出纸巾备用；纸巾用完后，不随地乱扔。

接受服务员的服务后，真诚地表达自己谢意。

即使是自己喜欢吃的食物，也不要一个人霸占，懂得与他人分享。

别人正在夹菜时，不得转动桌面的转盘，等别人夹完后再转。

不得将饮料、汤汁洒在桌面上，也不要乱扔食物残渣。

用餐时，不要狼吞虎咽，不得发出很大的响声。

趣味小知识

宴会是一种常见的社交活动，其礼仪因场合的性质、目的而不同，不同的地区也是千差万别。但有一些通行的礼仪，是我们必须要注意的。

座次。主要是以门为基准点，比较靠里面的位置为主位。也可以从餐巾的折放上，看出哪个是主位，哪个是客位。一般主宾位的餐巾和其他位置上的餐巾是不太一样的。如果你不了解情况，也可以问一下餐厅的服务员。

坐姿。坐姿要合宜，用餐时胳膊肘要离开餐桌，这样做是在表示对大家的尊重。

使用公共餐具。为了卫生的缘故，每个菜盘或碗中都有一个公用的勺子、叉子或者筷子，千万不要使用自己的餐具去取食物。

用筷。用筷七忌：一忌每次一筷夹菜太多；二忌夹菜后中途滴水滴油不停；三忌用筷在菜盘中胡搅；四忌用嘴吸吮筷上的菜汁；五忌用筷子代替牙签剔齿缝；六忌用筷子敲打盘碗桌面；七忌用筷子指点人。

第八课 餐桌礼仪要讲究

良好的餐桌礼仪是展现一个人品格的最好方式，而家庭用餐时间是一天中最宝贵的时间，也是培养社会人际关系技能的最好机会。因此，我们必须重视它。

文明用餐歌

身坐正，脚放好，餐厅里面不乱吵。
一口饭来一口菜，细嚼慢咽吃得香。
好吃食物我不抢，要和大家来分享。
我们进餐讲文明，大家都夸我们棒。

1. 请长辈先入座。
2. 等长辈先拿碗筷后，自己再拿碗筷。
3. 吃东西或喝汤时要小口吞咽，闭嘴咀嚼，尽量不发出响声。
4. 别人给自己添饭菜，要说“谢谢”。
5. 主动给长辈添饭夹菜。
6. 先吃完饭，要说“大家慢慢吃”然后放下碗筷。

学有规范

小芳吃饭爱挑剔，
进餐习惯也不好。
身子一歪脚乱放，
餐厅里面大声嚷。

小明喝汤吧唧嘴，
米饭菜叶桌上掉。
这种行为可不好，
爸爸妈妈把头摇。

进餐前要洗手，
打喷嚏遮住口。
轻轻嚼慢慢咽，
不挑食不剩饭。

做个文明小学生，
餐具轻拿又轻放。
食不言来是古训，
餐后收拾少不了。

趣味小知识

开始用餐，要讲究文明礼貌，养成良好的用餐习惯。

让长辈先动碗筷用餐，或听到长辈说“大家一块儿吃吧”，你再动筷，不能抢在长辈的前面。

吃饭时，要端起碗，大拇指扣住碗口，食指、中指、无名指扣碗底，手心中空。不能伏在桌子上对着碗吃饭，这样不但吃相不雅，而且压迫胃部，影响消化。

夹菜时，应从盘子靠近或面对自己的盘边夹起，不要从盘子中间或靠别人的一边夹起，更不能用筷子在盘子里翻来复去地“寻寻觅觅”。

要闭嘴咀嚼，细嚼慢咽，这不仅有利于消化，而且是餐桌上的礼仪要求。不能张开大嘴狼吞虎咽，一次不要放太多的食物进口，不然会给人留下一副嘴馋的印象。咀嚼饭菜时，嘴里不要发出声音。

口含食物时，最好不要与别人交谈。开玩笑要有节制，以免将口中食物喷出来，或者呛入气管，造成危险。需要与人谈话时，应轻声细语。

吐出骨头、鱼刺、菜渣时，要用筷子或手接住，放在自己面前的桌子上，不能直接吐到桌面上或地面上。

如果要咳嗽或打喷嚏，要用手或手帕捂住嘴，并把头向后方转。嚼到沙粒或嗓子里有痰时，要离开餐桌将其吐掉。

在吃饭过程中，要尽量自己添饭，并能主动给长辈添饭、夹菜。遇到长辈给自己添饭、夹菜时，要诚恳地道谢。

演练场

全家人围坐在餐桌旁，吃上一顿团圆饭，是多么惬意的一件事情啊！当我们拿起筷子的时候，当我们与长辈共餐的时候，当我们离开餐桌之前，别忘了表现你的文明素质和高雅风度，用你的行为感染更多的人，好吗？

跟你的小伙伴设计并表演一个小品，把你们懂得的餐桌礼仪展示给大家。

小品的名字：《　　　　》

故事情节：______________________________

____

进餐用语知多少

一粒粮食一粒汗。

节约就是美德。

节约是美，浪费是丑。

一粥一粒，当思来之不易；半丝半缕，恒念物力维难。

病从口入，请讲卫生。

议一议

他们的做法对吗？想一想，你应该怎么做？

吃晚饭时，小花见到菜上齐了，不等父母坐好，自己就先吃了起来。

小芳把爷爷奶奶请到饭桌上坐好，然后才坐到自己的位置上。

小亮看到自己爱吃的菜就开始抢，还用筷子在盘子里乱翻。

小红每次吃饭前都会主动摆碗筷。

第九课 西餐桌上有风度

小朋友，你吃过西餐吗？吃西餐可有讲究了。让我们一起去参加 Cindy 的生日聚会吧！

学有规范

吃西餐，学礼仪，当国际人！

吃牛排，入餐厅，展风范！

入座时，莫着急，左侧入！

左餐巾，右杯子，别拿错！

用餐巾，有讲究，折成三角放腿上！

左手拿叉，右手拿刀，由外而内依次用！

吃肉类时，边吃边切，正确使用刀和叉！

喝汤时，莫出声，由内而外用汤匙！

吃牛排，享美味，莫喧哗！

中途离席有讲究，刀叉八字摆中央！

趣味小知识

吃西餐时，首先要保持正确的坐姿。身体与桌边相隔两个拳头左右的距离，坐在椅子三分之一至三分之二的位置上。双手不要趴在桌面上，不要把腿跷起来，也不可将双脚张开成八字形。更不能脱掉鞋子，光着脚入座，因为这是极不礼貌的行为。桌面上不堆放个人物品，大物品可放在右脚处，小物品放在椅子的空处。

用餐前，将餐巾对折，折扣朝向膝盖，轻轻放在膝盖上，餐巾可以用来擦嘴或擦手，但不可以用来擦脸或擦拭餐具。如果途中要暂时离席，应将餐巾折好放在椅背或扶手上。用完餐离席时，应将餐巾折好，然后摆放在桌子的左侧。

西餐主要使用刀、叉和汤匙。吃西餐要左手持叉，右手持刀；左手食指紧贴在叉子把上，右手食指按在刀背上。汤匙则用握笔的方式拿即可。

万不得已要中途离席时，最好在上菜的空当，向同桌人打声招呼，并把刀和叉分别放置在餐盘上，刀尖一端朝里，之后再离开。

用完餐后，刀叉应并排放置在餐盘右侧，刀尖朝里。

面包一般掰成小块送入口中，不要拿着整块面包去咬。抹奶油或果酱时也要先将面包掰成小块再抹。

吃面时，用叉子挑起面条，卷成团，再送入口中。

吃块状食物时，先用刀将食物切成一口大小的小块，然后用叉子叉起送入口中。

吃水果时，不要直接用手拿着水果整个去咬，应先用水果刀切成四瓣，再用刀去皮、核，用叉子叉着吃。

西方人不仅喜欢吃西餐，而且还喜欢喝咖啡。那么，你知道应该怎么喝咖啡吗？

正确端起咖啡杯，
使用拇指和食指，
砂糖可用匙舀取，
喝咖啡时慢慢品，
莫要满把握杯大口吞！

正确端起咖啡杯的姿势应是，拇指和食指捏住杯把再将杯子端起。

给咖啡加糖时，可用咖啡匙舀取砂糖，直接加入杯内；也可先用糖夹子把方糖夹在咖啡碟的近身一侧，再用咖啡匙把方糖加在杯子里。

咖啡匙是专门用来搅咖啡的，饮用咖啡时应当把它取出来。不要用咖啡匙舀着咖啡一匙一匙地慢慢喝，也不要用咖啡匙来捣碎杯中的方糖。

不要满把握杯、大口吞咽，也不要俯首去就咖啡杯。喝咖啡时，不要发出声响。

喝咖啡时，可以吃一些点心，但不要一手端着咖啡杯，一手拿着点心，吃一口喝一口地交替进行。饮咖啡时应当放下点心，吃点心时则放下咖啡杯。

第十课 图书馆里守规矩

图书馆礼仪歌

小朋友，爱看书，排队进入图书馆；
图书馆里守规矩，讨论问题轻声语。
讲卫生，有礼仪，吃的东西莫带入；
纸屑杂物不乱扔，环境卫生保持好。
书本轻拿又轻放，看后放回原位置；
静静看，轻轻读，做个文明小读者。

演练场

小朋友，你去过哪个图书馆？你认为怎样做才是一个文明的小读者？

- 进出图书馆守秩序，讲礼貌。
- 轻声慢步，保持安静。
- 爱护图书，不在书上圈点做记号或撕页，未经允许不得将书带出。
- 阅览图书后，将书轻轻放回原处。借出的图书要珍惜，阅后要及时归还。
- 离开图书馆时把自己的位子清理干净，将座椅向书桌靠拢。
- 保持卫生，不随地吐痰，不乱扔纸屑，不做影响他人的事。

下面这些同学的做法对吗？为什么？

故事屋

星期天，刘明到图书馆去看书。一进阅览室，他就急急忙忙走到书架前，翻出自己昨天没看完的那本《幽默故事选》，坐在椅子上津津有味地看起来。

他一边看一边自言自语："哈哈，真好笑……"随后，他又从兜里拿出口香糖，剥开放进嘴里，顺手把糖纸扔到地上。

"刘明，走啊，踢球去！找你好半天了，原来你在这里！"严思站在门口大声对刘明说。

刘明连忙放下手里的书，说道："哎，来啦！"两人一溜烟儿地跑出了图书馆。

小朋友，刘明和严思哪些地方做得不对？为什么？请你说一说。

第十一课 演出场所守纪律

小朋友，你一定去过电影院吧！在电影院里，欣赏着精彩的影片，你注意过自己的言行吗？你是文明的小观众吗？读一读下面这首儿歌，你一定会有很大的收获！

电影院礼仪歌

电影院，真热闹，精彩影片惹人笑。
小朋友，蹦又跳，个人礼仪莫忘掉。
先排队，再买票，对号入座不迟到。
不穿背心与拖鞋，不扔果皮与纸屑，
不喧哗，不乱跑，不站立，不早退。
离位入厕轻而快，爱护公物记心上。
心中常为他人想，文明观众人人赞！

演练场

小朋友，从儿歌中，你学到了哪些正确的礼仪？说给大家听听。除此之外，你还知道哪些观影礼仪？

1. ________________

2. ________________

3. ________________

4. ________________

5. ________________

6. ________________

议一议

看看下面的图，你觉得他们这样做对不对？为什么？

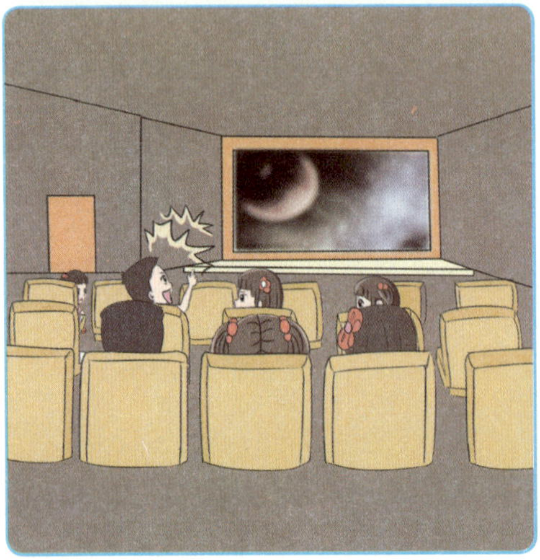

故事屋

明明和妈妈一起去看杂技表演，演出十分精彩，明明一边嗑瓜子一边不停地称赞，瓜子皮被他扔了一地。忽然，表演顶碗的演员出现了失误，碗掉了一地，明明边鼓掌边大喊："演砸啦！"

明明哪些地方做得不对？如果是你，你会怎么做？

学有规范

❤观看电影、演出时迟到，会给其他观众带来麻烦，所以要准时入场。

❤观看电影、演出时，不能大声交谈、喧哗，以免打扰其他观众。

❤想要演出明星的签名时，要有礼貌地提出请求。

❤即使演出不精彩，也不能恶意批评，更不能起哄、喝倒彩，要尊重演员的劳动成果。

❤演出结束时，要热烈鼓掌，还可以给演员献上鲜花。

❤在展览馆看展览，穿着打扮要大方得体，因为展览馆一般都是高雅的地方。

❤展览品是让大家观看、欣赏的，不能随便触摸，以免造成展览品的损坏，更不能爬到大型雕塑等类似的展品上去拍照或游戏。

第十二课 游乐场里守秩序

游乐场是每个小朋友都喜欢的休闲娱乐场所。那么，你去过哪些游乐场？跟大家分享一下吧！

学有规范

安全至上，规范操作。在使用游乐设施之前，应认真倾听相关的安全知识讲解和安全事项说明，并接受必要的使用指导和培训，以掌握基本的操作要领。活动中则应严格按规程行事，绝不可掉以轻心。

- 进入游乐场玩耍时，不可推挤和争抢，要排队守秩序。
- 游戏时禁止做任何危险动作，如玩溜滑梯、旋转梯时头勿朝下。禁止由下往上爬，下方有人时不可往下滑。
- 不得在游乐设施内乱跑乱窜，以防止撞伤。不得从游乐设施上跳下，防止摔伤。
- 请维护好场地清洁，不可乱丢垃圾、石头、树枝及会刺伤人的物品。
- 游乐场设施如有湿、滑现象时禁止使用。
- 儿童游乐场内设施属于公共设施，如有人破坏应照价赔偿，致使人受伤则依法处理。
- 若遇恶劣天气或设施故障时，应对工作人员所采取的应急措施予以积极的配合，尤其是当因违规而出现危情时，应虚心接受工作人员的提示和纠正，不得胆大妄为。

演练场

下面这些同学的做法对吗？为什么？

故事屋

星期天，杨明到游乐场游玩，来到了小湖边。看着波光粼粼的湖面，虽然他看到了湖边竖着“禁止玩水”的告示牌，但他还是忍不住玩起了水。

小朋友，你看到这样的现象会怎么办呢？

第十三课 商场购物讲文明

瞧！商场真大呀，好吃的、好玩的东西多得数都数不清！小朋友，你去商场购过物吗？在商场购物时我们应注意些什么呢？

学有规范

挑选商品时要轻拿轻放，不弄脏，不弄坏，不随意拆开商品包装。没有选中的商品要放回原处，尤其是那些冷冻商品。

购买商品时，要用恳切、礼貌的语言与工作人员沟通，不得用“喂”来指代他人，更不能用命令的语气。

交款前不得随意拆、吃食品，也不要把东西仍得到处都是。

商场内不得大声喧哗，不得追逐打闹，以免摔伤或撞到别人。

当你找不到家人或同学时，可以到商场总服务台请求帮助。

排队按顺序购买商品或付款，不插队，懂礼让。

演练场

这样做对吗？为什么？

波波原本在商场买了两包方便面，走到半路又不想要了，就随手把方便面放在了一旁的货架上。

亮亮来到商场的自行车专卖区，看着一辆辆崭新的小自行车，心里特别喜欢，就随手推了一辆骑了起来。

小刚路过商场的食品区，闻着瓜子的香味，情不自禁抓了一把瓜子嗑起来。

小朋友，让我们分组模拟一下到商场购物的情景，将你们学到的购物礼仪展示给大家！

聪明的小朋友，对于文明购物，你还有哪些好的建议？

第十四课 乘坐电梯守规则

叮咚一声，电梯门开了，冬冬赶紧让到一边，等电梯里的人都走出来后，先请老爷爷进去，再请叔叔阿姨们进去，最后才轮到自己。电梯缓慢地上升着，人们有说有笑，开心极了。小小的电梯多像一个温暖的家呀！

小朋友，你觉得冬冬做得对吗？乘坐电梯时，你是怎么做的？

学有规范

1. 和长辈同乘电梯时，晚辈应请长辈进入后再进；走出电梯时，让长辈先行。

2. 乘电梯时，应先让电梯里的人走出来，外面的人再进入，先进去的人应尽量往里面站。

3. 在拥挤的电梯内，最靠门站的人应为后面要出电梯的人让行，出电梯时要向让行的人道谢。

4. 如搭乘滚动电梯，应遵守“右侧站立，左侧急行”的规则。

5. 要劝阻在电梯内吸烟的人，以免影响空气清洁和他人的身体健康。

说一说

你搭乘电梯时曾有过什么经历？

这样做对吗？为什么？

评一评

小朋友，请按照搭乘电梯的礼仪规则要求乘坐一次电梯，做一名文明小公民，然后给自己评一评。

标准 内容	做得好	做得一般	需努力
自评	☆	☆	☆
家长评	☆	☆	☆

第十五课 文明守交规

学有规范

小朋友，在有交通标志的地方，你是怎样过马路的呢？

小朋友，别乱跑；
马路边上仔细瞧；
绿灯亮了向前行，
红灯亮了停一停。

在农村公路上没有交通标志的地方，我们应该怎么办？

红绿灯，斑马线，人行天桥都不见，
要过马路怎么办？前后左右看一看。
一看汽车距离远，快快通过到对面。
如果有车在行进，我要耐心等路边。

- 走路须走人行道，没有人行道的靠路边行走。
- 横过车行道时，须走人行横道。
- 不准在道路上扒车、追车、拦车及玩耍。

认一认

小朋友，你认识下面的标志吗？它们都是什么意思？

你在回家的路上还见到过哪些交通标志？将它们画出来。

演练场

小朋友，你知道交警叔叔摆出的手势的意思吗？让我们来扮演交通警察或在校门口当一回小交警，请大家听你的指挥。

让我们来下盘文明守交规的游戏棋吧！从 1 开始，用骰子掷点，掷到几点就进到几点，并按上面的要求行动。

第十六课 文明乘车

学会乘车是现代社会的需要，是成为一个文明人的最基本的素质。小朋友们该如何文明乘车呢？

学有规范

◆在车站等车时应该排队，遵守秩序。

◆无论站立还是坐在座位上都应该举止大方，而不应该在车厢内打闹、乱嚷。

◆在车厢内不要吃东西，不要随地乱扔纸屑，不随地吐痰。

◆不要抢占座位，以保证车内秩序。上下学时乘坐公共汽车正是人多的时候，在拥挤的情况下应懂得互相礼让。

◆遇到下雨天，乘车就会遇到更多的麻烦，我们每个人都应该准备一个塑料袋，在上车前要将雨衣脱掉，将雨伞收好，放进塑料袋里，以免弄湿别人的衣服。

◆遇到老人、小孩等急需座位的人，应主动让座，这是懂礼貌的行为。

演练场

看一看，说一说谁做得对？

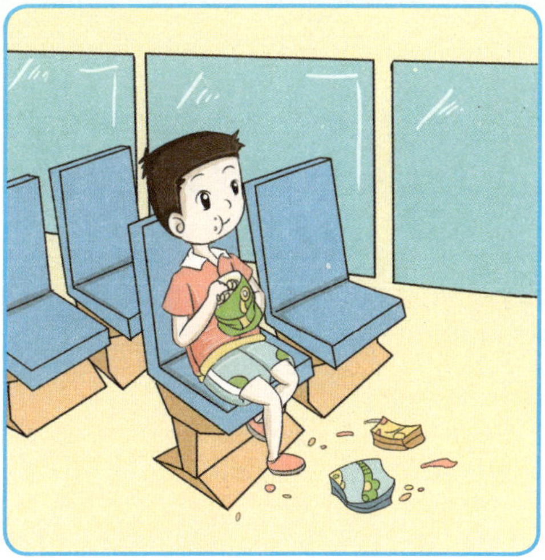

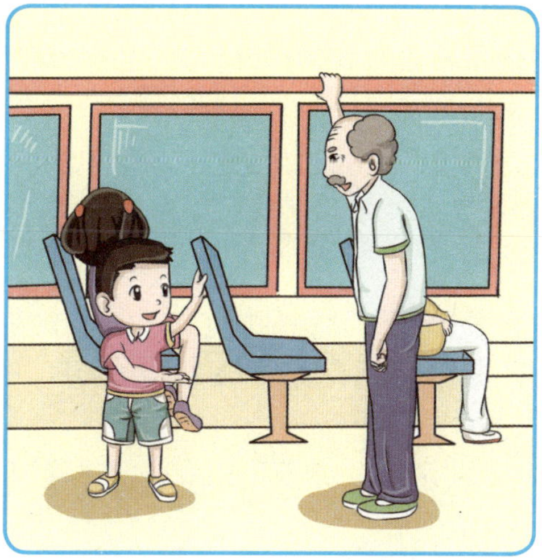

趣味小知识

乘车礼仪常识

一、乘坐公共汽车和地铁列车

排队候车，先下后上。让妇女、老人、小孩和残疾人先上车。注意安全，不要将身体伸到车厢外，或随意动车厢里的设施。主动给老人、病人、残疾人、孕妇等需要帮助的人让座。爱护环境卫生，保持车厢和站内的环境卫生，不能向窗外扔东西。

二、乘坐出租车

乘客应当坐在后排。应照顾长辈和女士先上车。下车一般是男士或晚辈先下，然后照顾长辈和女士后下。注意带好随身物品，不要将垃圾和废弃物留在车上。

三、乘坐小轿车

乘坐由专职司机驾驶的轿车时，其座次自高而低为：后排右座，后排左座，后排中座，前排右座。当主人驾车时，其座次自高而低为：前排右座，后排右座，后排左座，后排中座。

四、乘坐飞机

严格遵循乘务员的要求。对乘务员的服务要礼貌应对，接受乘务员服务时要表示感谢。交谈时不要影响他人休息，不要涉及不安全的问题。下飞机要礼让。飞机停稳后，才能站起身来拿行李。

五、乘坐火车

将较大的行李放到行李架上，不要占用公共空间。注意保持车厢的安静，谈天、打扑克、听广播（音乐）等不要打扰别人。不要随意脱鞋，或将脚放在对面的座位上。需要吸烟时，应到吸烟区。把废弃物扔到垃圾箱中，自觉维护车厢内的环境卫生。不要长时间占用卫生间和洗漱池。

第十七课 文明旅行

随着生活水平的不断提高，越来越多的人喜欢出去旅游。如今，旅游已成为我们生活中不可缺少的一部分。外出参观旅游，不但可以开阔视野、呼吸新鲜空气、亲近大自然，尤其对于我们小学生来说，更能让我们学到书本以外的知识。但是，旅游观光是一项文明的活动，我们应该注意哪些礼仪呢？

青青随旅游团来到黄果树瀑布游览，这里的风景实在太美了，她想把每一处景点都拍摄下来，可是开车时间到了，她应该怎么做呢？

九寨沟的水真清啊，水中还有小鱼在自由地游，宁宁情不自禁地把手伸进水里。他这样做对吗？为什么？

如果你随旅行团到国外旅游，怎样做一个文明的中国小游客呢？

学有规范

爱护公物。对旅游观光地的公共建筑设施、文物古迹、树木花草都要珍惜和爱护，不能随意破坏。不要在旅游景点乱写乱刻，如写上“XXX 到此一游”之类的大煞风景的文字。

保持环境卫生。进入旅游观光区后，不要随地乱扔杂物或大小便，要保持环境原本的面貌，野餐、野炊之后一定要将环境恢复原样。

注意礼让他人。旅游观光中要关心他人，行经曲径小路或小桥山路时，不要抢行，要谦让。在景色好的地方拍照，要主动谦让，不要急抢，也不要独占很长时间。在亭台楼阁休息时，应主动把亭榭、石凳和座位让给老弱病残的人，如果别人给你让了座，你应该向别人表示感谢。

遵守公共秩序。到景区参观时，应主动、自觉地排队购票和进入景区。参观纪念馆、博物馆时，不能随便拍照或者用手触摸文物、展品。尊重服务人员，并自觉服从管理。

保持安静。在景区观光旅游，应该尽量保持安静，若需交谈，也应小声进行，谈话时要语言文雅优美。在旅游观光时，还要注意自己举止行为的端庄大方，既要热情，又要稳重，切忌大声喧哗、嬉笑打闹，否则既会影响他人观光，有时还会发生危险。

演练场

他们的做法对吗？对的在圆里涂上红色，错的在圆里涂上绿色。

趣味小知识

这是我们国家的文明旅游形象大使——熊猫小迪。卡通化的熊猫小迪形象可爱，非常引人注目。太阳镜、简便的背包设计突出了旅游的主题并且给人以轻松感，带给人们对于旅游的向往。同时，熊猫是和平友好的使者，与文明旅游的主题十分吻合。熊猫小迪以良好的形象引起人们对文明旅游的关注，从而使文明旅游深入人心。

小朋友，你也来设计一个文明旅游的形象大使吧！比一比，看谁设计得好。

第十八课 文明住宿

学有规范

观光旅游时，总免不了入住旅店，那在旅店里应如何注意礼仪呢？请跟我学。

一、登记礼仪

登记是入住旅店的第一步。进入大堂后，首先应该到前台登记。如果前面有正在登记的顾客，应该静静地按序等候，与其他客人保持一定的距离，不要贴得太近。入住旅店要出示有效证件。在拿到钥匙之后，你就可以乘电梯去房间了。

二、客房礼仪

礼貌用语挂嘴边。如果门童帮你提行李，服务人员带你去房间，你应该对他们说一声“谢谢”。当有事需要询问服务人员时，应礼貌地说一声“请问……”，无论得没得到答案，都应说“谢谢”。

行为举止要文明。不要穿着睡衣、拖鞋在走廊、大厅到处乱窜；不要在客房之内洗涤、晾晒个人衣服，更不要将其悬挂在公用的走廊里，或是临街窗户之外。

自觉保持安静。保持安静被视为旅店的基本规矩，一定要注意调低自己说话的音量，不嬉笑吵闹。在旅店里应该按时就寝，不可太早或太晚开电视，电视的音量要适中，注意不要影响别人的休息。

维护房间卫生。虽然打扫客房是服务员的工作，但我们也应当自觉维护房间卫生。东西尽量摆放得整齐有序，废弃物要扔到垃圾筐里。在洗手间，不把水弄得整个洗手台到处都是。淋浴的时候，浴帘的下部要放到浴缸里面，不要把地弄湿了。

节约用水用电。珍惜每度电和每滴水。如果你要连续住上几天，可以告诉客房服务员，床单和牙刷不必每天都换，牙膏和洗发水也等用完了再换新的。

三、早餐礼仪

星级旅店一般免费给旅客提供自助早餐。早餐时要注意：不争不抢，吃多少拿多少，否则你就会为自己的浪费行为买单，同时给人留下没修养的印象。

四、会客礼仪

不在客房之内会晤来访人士。旅店的前厅或咖啡厅是住店客人会客的理想去处。会客时间一般不超过23点。注意交谈的音量，不要影响到其他客人的休息。

五、离店礼仪

在准备走之前，可以先给前台打个电话通告一声，如果行李很多，可以请他们安排一个人来帮你提行李。

不要随便拿走旅店的东西。别想当然地认为可以从饭店拿走毛巾、睡衣或其他物品。当然，一次性的小物品还是可以带走的，如洗发膏、牙刷、药膏、针线包、梳子之类。

损坏东西主动赔偿。如果不小心弄坏了旅店的物品，不要隐瞒抵赖，要勇于承担责任并加以赔付。

结完账，礼貌致谢，道别。

演练场

他们的做法对吗？对的请在五角星里涂上红色。错的请说明理由，并请你帮助他们纠正。

☆

☆

☆

☆

第十九课　上网也要讲文明

小朋友，在生活中我们做乖孩子，要常常说“请”“谢谢”“不客气”“对不起”，在上网时也是要有礼貌的哦！

全国青少年网络文明公约

要善于网上学习，不浏览不良信息；
要诚实友好交流，不侮辱欺诈他人；
要增强自护意识，不随意约会网友；
要维护网络安全，不破坏网络秩序；
要有益身心健康，不沉溺虚拟时空。

学有规范

- 要控制好自己的情绪，不可以随便责骂别人。
- 要有体谅与尊重别人的心。
- 不可以侵犯别人的智慧财产，要尊重别人的隐私权。
- 不可以浪费网络资源及使用未经允许的数据。

文明上网，你还有哪些好的建议？

我的倡议

1. ______________________________

2. ______________________________

3. ______________________________

4. ______________________________

5. ______________________________

演练场

你喜欢图中的小朋友吗？为什么？

做一做

小朋友，生活在网络时代的我们，要管好自己文明上网，也要做好健康上网的小小宣传员！

办一次手抄报，制作宣传标语。

办一次宣导文明上网的画展。